LA GRÂCE

SALVATRICE

UNE ÉTUDE DE 4 SEMAINES

DAN BOONE

LA QUÊTE DE L'HOMME

Nous pourrions également considérer *Le jour de la Marmotte* comme une parabole moderne de l'Ecclésiaste.

J'aime les films à caractère théologique. Un film à caractère théologique n'est pas nécessairement un film chrétien ou religieux de bout en bout, mais c'est un film inspiré des récits bibliques. Ma femme affirme que je ne peux pas regarder un film sans en faire l'autopsie théologique. Ayant passé une grande partie de ma vie à étudier et à prêcher l'histoire de Christ, j'ai la manie d'interpréter tout ce que je vois à travers le prisme de ce grand récit de vie. Je vois les personnages du film comme des êtres humains en quête de quelque chose. Et cette chose, même s'ils ne s'en rendent pas compte, c'est leur propre humanité. Ils essaient de comprendre comment vivre dans leur propre peau en tant que créatures humaines — ce qu'ils étaient supposés normalement être.

On a tous en nous ce sentiment d'avoir une destinée, un appel, un but, et que notre vie a un sens. On se plaint d'essayer de trouver cette clé de la vie. C'est ce que j'appelle la « quête de l'homme. » L'un des meilleurs films sur la quête de l'homme est *Le jour de la Marmotte*. Bill Murray y incarne un journaliste affecté à Punxsutawney, petite ville de Pennsylvanie aux États-Unis, pour couvrir l'apparition de la célèbre marmotte, Punxsutawney Phil. Pendant son séjour, Murray, le protagoniste, reste bloqué dans une boucle et est contraint de revivre la même journée, encore et encore. Chaque matin, lorsqu'il se réveille, c'est le Jour de la marmotte.

Le voilà, créature fugace, coincée dans le temps, et ressentant combien il est futile d'essayer par tous les moyens de vivre un lendemain doté de sens, mais en vain. Tout au long du film, le personnage tente diverses approches : utiliser les gens, éviter les gens, manipuler les gens, blesser les gens, se blesser lui-même, etc.

Finalement, il décide d'essayer une nouvelle tactique et s'éveille à la joie de servir, à la beauté de donner, à l'amour de la musique et de l'art, et à la capacité d'aimer. Et ce n'est qu'à ce moment qu'il réussit à entrer dans le jour suivant.

Le Jour de la marmotte et sa morale finale me rappellent le Dieu qui se tient à la porte du lendemain, et il attend, alors qu'on est en quête du sens de notre vie, jusqu'à ce qu'on heurte de plein fouet la grâce qui nous attendait, les bras ouverts, depuis le début. On peut également considérer *Le jour de la Marmotte* comme une parabole moderne de l'Ecclésiaste. Dans sa traduction du livre de l'Ecclésiaste Eugene Peterson a expliqué son choix de traduction pour le mot « Ecclésiaste » lui-même, qui est traditionnellement traduit par quelque chose comme « prédicateur » ou « enseignant » : « Vu le caractère pratique des écrits de l'Ecclésiaste, qui exprime ce qui est si fondamental chez les hommes et les femmes à travers l'histoire, j'ai traduit l'Ecclésiaste par « le Maître » [1]. Dans l'introduction de l'Ecclésiaste, il parle également de l'impulsion humaine, en fin de compte futile, de chercher et à donner un sens à la vie :

> L'Ecclésiaste est surement celui qui a le plus témoigné de cette futilité dans le monde–. L'esprit acerbe attire notre attention. L'honnêteté crue nous oblige à le remarquer. Et les gens le remarquent — oh, comme ils le remarquent ! Les non-religieux et les religieux le remarquent. Les incroyants et les croyants le

---

1. Eugene Peterson, « Introduction : Ecclesiastes » *The Message : The Bible in Contemporary Language* (Colorado Springs, CO : Navpress, 2002), 1163.

remarquent. Plus d'un s'étonne de trouver ce genre de choses dans la Bible.

Mais il se trouve très clairement et nécessairement dans la Bible pour mettre un terme à nos diverses et vaines tentatives de donner un sens à notre vie, afin que nous puissions accorder toute notre attention à Dieu — à ce qu'Il est et à son but pour nos vies. L'Ecclésiaste ne dit pas grand-chose sur Dieu ; l'auteur laisse cela aux soixante-cinq autres livres de la Bible. Sa tâche est d'exposer notre incapacité totale à trouver par nous-mêmes la raison d'être de notre vie.

C'est notre tendance à vouloir nous débrouiller seule, à vivre notre humanité par nos propres moyens et selon nos propres désirs, qui rend la lecture de l'Ecclésiaste nécessaire. L'Ecclésiaste nettoie nos âmes de tous les « styles de vie » spirituels afin que nous puissions être prêts pour la visite de Dieu révélée en Jésus-Christ. L'Ecclésiaste est un livre de type Jean-Baptiste. Il ne fonctionne pas comme un repas, mais comme un bain Il ne s'agit pas d'une nourriture, mais d'une purification. Il s'agit de se repentir. C'est une purge. Nous lisons l'Ecclésiaste pour nous débarrasser des illusions et des sentiments, des idées qui sont idolâtres et des sentiments qui s'étiolent. C'est un exposé et un rejet de toute attente arrogante et ignorante selon laquelle nous pouvons vivre notre vie par nous-mêmes et selon nos propres conditions. [2]

---

2. Peterson, « Introduction : Ecclesiastes » *The Message*, 1162–63.

La traduction du livre de l'Ecclésiaste selon Eugene Peterson s'ouvre par ces mots :

> Voici ce que dit le Maître, fils de David, roi à Jérusalem. Dérisoire, absolument dérisoire, dit le Maître, oui dérisoire, absolument dérisoire, tout est dérisoire ! Quel avantage l'homme retire-t-il de tout le labeur pour lequel il trime sous le soleil ? Une génération s'en va, une autre vient, et la terre est toujours là.

> Ce qui a été, c'est ce qui sera, et ce qui s'est fait, c'est ce qui se fera : il n'y a rien de nouveau sous le soleil.

> Moi, « le Maître », j'ai été roi d'Israël à Jérusalem. Et je me suis appliqué à étudier et à examiner par la sagesse tout ce qui se fait sous le soleil. Dieu impose aux hommes de s'appliquer à cette occupation de malheur. J'ai vu tout ce qui se fait sous le soleil et je suis arrivé à la conclusion que tout est dérisoire : autant courir après le vent.

> (1.1–4, 9, 12–14)

Bonne nouvelle, pas vrai ? Le cynisme et la futilité de la quête du sens de la vie par l'homme sont les thèmes centraux du livre de l'Ecclésiaste. Le terme préféré de l'auteur est le mot hébreu *hebel*, que l'on traduit par « fumée, brouillard, vapeur », « vanité » ou « absence de sens ». *Hebel* , c'est l'idée d'attraper quelque chose de substantiel pour s'apercevoir, lorsqu'on pense l'avoir saisie, que déjà elle s'est évaporée. Chercher à comprendre par soi-même le sens de la vie, c'est comme essayer de saisir du brouillard. Aujourd'hui on l'a, puis le lendemain, on l'a perdu. Comme dans le film *Le jour de la Marmotte*, l'auteur de l'Ecclésiaste affirme qu'on répète la même quête jour après jour et que nous nous réveillons sans rien de concret.

Une partie de moi a envie de contester avec l'auteur lorsqu'il écrit qu'il n'y a « rien de nouveau sous le soleil » (verset 9). Il ne comprend tout simplement pas les progrès de l'humanité ! On a du café frais au réveil, des voitures automatiques, des lumières qui s'allument quand on entre dans une pièce, des bibliothèques entières sur une clé USB. Il y a du nouveau tous les jours ! Il n'y a jamais eu d'époque sur la planète où les humains ont été plus entourés de nouveautés. Pourtant, on se lève tous les matins en croyant qu'il y a quelque chose de plus qu'on doit poursuivre, attraper et consommer pour être comblés. Notre ami de l'Ecclésiaste, le Maître, nous raconte qu'il a été en quête d'argent, de pouvoir, de travail, de plaisir, de connaissance et de jeunesse ; il les a attrapés, possédés, consommés et s'est réveillé le lendemain matin en serrant le brouillard. L'être humain est-il destiné à n'être rien d'autre qu'un éternel chasseur ?

Genèse 2.7 déclare : « L'Eternel Dieu façonna l'homme avec de la poussière du sol, il lui insuffla [*ruach*] dans les narines le souffle [*ruach*] de vie, et l'homme devint un être vivant [*nephesh*] ». Au départ, on est des morceaux d'argile, la poussière de la terre. Dans le langage de la Genèse, Dieu se penche sur nos corps inanimés et nous insuffle un souffle divin dans le nez. Le mot hébreu pour « souffle » est le même que celui pour « esprit » ou « vent ». Tout au long de notre histoire, le vent divin, ou souffle est l'activité de Dieu consistant à produire l'énergie. C'est elle qui survient sur les prophètes. C'est elle qui repose sur le Jésus baptisé. C'est le même qui remplit la chambre haute dans les Actes des Apôtres. C'est le vent

Tout au long de notre histoire, le vent divin, ou souffle, est l'activité énergisante de Dieu.

et le souffle divins, ou l'Esprit Saint. La vie humaine existe grâce au don du souffle de Dieu.

J'ai été dans des salles d'accouchement et dans des salles d'agonie. Lorsqu'un enfant sort du ventre de sa mère, son premier réflexe est de chercher de l'air. À l'instant où le bébé prend la première bouffée d'air, la couleur de sa peau change, ses poumons se dilatent et son corps réagit par un cri. La première bouffée d'air est toujours *inspirée*, comme s'il attendait que Dieu insuffle la vie dans ses narines. Dans les salles d'agonie, quand les saints rendent leur dernier souffle, le dernier souffle est toujours expiré. Personne n'inspire puis ne meurt. On expire quand on arrive au terme de notre vie. Le souffle retourne à Dieu qui l'a donné. Rien de ce qui fait l'objet de notre quête ne nous soutient, c'est le don de Dieu.

Le texte de la Genèse rapporte que les hommes sont devenus des « êtres vivants » (*nephesh* en hébreu) lorsque Dieu a insufflé la vie en eux. *Nephesh* est un mot intéressant qui signifie essentiellement « gorge ». La gorge est un passage entre l'intérieur et l'extérieur. Elle est située dans la partie la plus vulnérable du corps, le cou. C'est par ce portail que passe tout ce qui est nécessaire à la survie : l'eau, l'air, la nourriture. En un sens, l'être humain est une faim ambulante, une soif parlante, un besoin douloureux. On n'est pas des créatures autonomes, mais des créatures assistées. Être humain équivaut à être vulnérable, nécessiteux, dépendant, désireux, affamé, fragile. Et, à l'instar de notre ami dans *Le jour de la Marmotte* on est en quête de tout ce qui peut assouvir notre faim : l'argent, le statut, la célébrité, le pouvoir, le sexe, la reconnaissance, l'image physique, l'attention, etc. On est des êtres mus par des désirs.

Les chrétiens ont parfois oublié l'essence de notre besoin humain et ont prêché un Évangile qui dit que nos désirs sont mauvais et qu'il faut les supprimer ou les nier. Mais nous ne pouvons pas faire cela, car le désir est l'essence même de notre humanité. Notre problème n'est pas *que* nous désirions, mais *ce que* nous désirons. Lorsque nous vivons en dehors de Dieu, nos désirs sont tordus, repliés sur nous-mêmes et axés sur la recherche de notre propre salut.

Parlons d'un autre vieux film de Bill Murray, *Qu'en est-il de Bob ?* Cette fois, Murray joue le rôle de Bob, un être humain fragile qui souffre de toutes les phobies, de toutes les maladies mentales et de tous les problèmes auxquels il peut penser. Un vrai bazar. Il a fait fuir un conseiller de sa profession et a été orienté vers le Dr. Leo Marvin, un thérapeute confiant qui a écrit un livre *Pas de bébés* , censé résoudre tous les problèmes humains. Ses clients n'ont qu'à faire de pas de bébés (baby steps) pour se libérer de leurs problèmes et accéder à la plénitude. Bob s'accroche au Dr Marvin, qu'il considère comme son nouvel espoir. Lorsqu'il apprend que ce dernier est parti en vacances avec sa famille, il se rassure de savoir où il se trouve. L'arrivée de Bob sur le lieu des vacances coïncide avec la sortie du Dr Marvin d'un magasin de la rue principale. Bob est réprimandé pour avoir interrompu la famille de manière inappropriée et est prié de rentrer chez lui. Il se met à genoux et devient la meilleure démonstration d'humanité qu'il m'ait été donné de voir. Il dit simplement : « J'ai besoin. J'ai besoin. J'ai besoin » Voilà ce qu'être humain veut dire.

Lorsqu'on a demandé à John Wesley quelle était la créature la plus parfaite, il aurait répondu : « Un vide, capable d'être rempli de Dieu, par Dieu ». Nous sommes faits avec la capacité de recevoir la vie comme un don de Dieu, non seulement sous la forme d'un souffle physique, mais aussi sous la forme d'une grâce salvatrice. « Comme un cerf soupire après des ruisseaux, de même je soupire après toi, ô mon Dieu. J'ai soif de Dieu, du Dieu vivant » (Psaume 42.1-2a). Un hymne l'exprime ainsi : « Oh vénère le Roi » : « Frêles enfants de poussière et faibles comme frêle, en toi avons-nous confiance ni te trouver à échouer. Tes miséricordes comment appel d'offres, comment ferme jusqu'à la fin ! Notre créateur, Défenseur, Rédempteur et ami. »[3]

---

3. Johann Michael Haydn (musique, XVIIIe siècle), William Gardiner (arrangement musical, 1815) et Robert Grant (paroles, 1833), « O Worship the King », *Sing to the Lord : Hymnal* (Kansas City, MO : Lillenas Publishing Co., 1993), # 64.

JOURNAL ET RÉFLEXION

Faites une pause pour réfléchir à ce que vous avez lu. Qu'avez-vous entendu ? Reformulez-le avec vos propres mots. Faites-le vôtre. Qu'est-ce que Dieu vous indique dans ce chapitre pour que vous y réfléchissiez davantage ? Qu'est-ce que Dieu vous dit ?

PRIÈRE

Remerciez Dieu avec vos propres mots de vous avoir créé avec la capacité de recevoir le souffle divin et la vie. Exprimez votre totale dépendance à Dieu. Reconnaissez la fragilité et la faiblesse de votre humanité.

DISCUSSION

1. À la fin de *Qu'en est-il de Bob ?* le thérapeute qui a tant fait pour aider Bob, le Dr Marvin, se retrouve enfermé dans une camisole de force dans un service psychiatrique alors que Bob finit par être plein de vie. D'après vous, quelle est la leçon à tirer ?

2. Comment est-ce que notre monde est-il parfaitement configuré pour favoriser une éternelle vie de quête ?

3. Comment expliqueriez-vous la grâce salvatrice à quelqu'un en proie à la quête de l'homme ?

4. Pourquoi l'argent, le sexe, le pouvoir, l'attention, le succès — et tout ce que nous poursuivons — ne sont-ils jamais suffisants ?

5. Que signifie « être bien dans sa peau » et quel est le rapport avec la grâce salvatrice ?

NOTES

LE MOT TABOU

Autrefois, le mot « sexe » était chuchoté. Il était rarement prononcé à haute voix en public. Il était tabou. Mais les temps ont changé, et aujourd'hui, ce mot est partout, sous toutes ses formes. Le sexe n'est plus un mot qui ne devrait pas être prononcé… Il a été remplacé par un autre mot qui, s'il est mentionné, est chuchoté ou prononcé en sourdine. Ce mot est *péché*. Dire « péché » à voix haute en public, c'est comme dire « bombe » dans un aéroport. Les gens se sentent très mal à l'aise et vous risquez de subir un examen minutieux. C'est pourquoi nous ne le disons pas ! Nous disons plutôt d'autres mots, comme *gaffe*, *faute*, *erreur*, *maladresse*, *infraction*, *erreur de jugment*, *défaut*, *faiblesse*, ou *imperfection*. Si le péché, comme certaines maladies anciennes, avait disparu de la surface de la terre, peut-être que notre choix de ne pas le dire serait acceptable. Mais aux dernières nouvelles, on ne vivait pas en Éden, et le péché nous environne toujours.

Quelque part, à moins d'une heure de chez vous, un conjoint est infidèle, un suspect échappe à la capture, il y a vole, un politicien ment, un athlète utilise des drogues pour améliorer ses performances, un étudiant plagie, une compagnie d'assurance refuse une demande équitable, un fabricant pollue, un toxicomane joue, un prédicateur abuse de confiance, un fidèle d'église retient la dîme de Dieu, ou un constructeur brûle les étapes. Parfois, ces faits sont dénoncés, parfois ils sont passés sous silence. Mais il est rare que l'on utilise le terme « péché » pour en parler. Le péché est le nouveau tabou.

Pour être honnête, le péché est un mot complexe. Il est difficile d'en donner une définition exacte. Il existe une vingtaine de mots différents en hébreu et en grec. L'éventail des significations comprend l'iniquité, la

Les théologiens ont plus
de sortes de péchés qu'un
léopard n'a de taches.

culpabilité, la transgression, la faute intentionnelle, la rébellion volontaire, le fait de manquer la cible, l'iniquité, et bien d'autres concepts bibliques. Les théologiens décrivent plus de sortes de péchés qu'un léopard n'a de taches : péché originel, péché individuel, péché d'entreprise, péché volontaire, péché autoritaire, péché impardonnable, péchés d'omission, péchés de commission, péché social, péché domestique, péché mortel, péché véniel, péchés d'ignorance, sept péchés capitaux. Il ne semble pas y avoir de pénurie de péchés dans un avenir proche. Un autre problème réside dans le fait que les différents groupes religieux appellent des choses différentes des péchés. Nous avons du mal à nous mettre d'accord sur ce qui doit figurer sur la liste et sur ce qui ne doit pas y figurer. Ce qui est un péché pour l'un ne l'est pas pour l'autre.

Notre monde a même organisé ses occupations pour contrer le péché. Pour les éducateurs, le péché est une question de clarification des valeurs, d'éclairage culturel et de formation à la diversité. Pour les biologistes, le péché est inscrit dans les gènes que nous portons à la naissance. Pour les politiciens, le péché se trouve dans les systèmes sociaux et nous le résolvons en élisant les bonnes personnes et en adoptant les bonnes lois. Pour la police, le péché est l'obscurité qui doit être combattue par la loi et l'ordre. Pour les psychologues, le péché est compréhensible et prévisible compte tenu de ce qu'on nous a fait, et on a besoin d'une thérapie, d'une prise de conscience de soi et peut-être de médicaments. Pour les leaders de la justice sociale, le péché est combattu par la protestation, la compassion et la réforme. Pour les moralistes, le péché est résolu si nous sommes tous gentils, si nous partageons, si nous pratiquons la positivité et si nous faisons ce que dit Oprah. Pour les prédicateurs de la télévision, le péché est résolu en posant les mains sur la télévision, en envoyant de l'argent et en déclarant notre miracle. Pour les publicitaires, le péché disparaît avec l'achat d'un nouveau produit. Certaines de ces approches sont utiles, d'autres non.

Que fait-on alors ? On trouve un ami dans le Psaume 32 qui se débat avec cette même question :

> Heureux l'homme 'dont la faute est effacée, et le péché pardonné ! Heureux l'homme 'au compte de qui l'ÉTERNEL ne porte pas le péché et qui est exempt 'de duplicité. Tant que je taisais ma faute, je m'épuisais à gémir 'sans cesse, à longueur de jour. Sur moi, le jour et la nuit, 'ta main s'appesantissait, ma vigueur m'abandonnait 'comme l'herbe se dessèche'lors des ardeurs de l'été. Je t'ai avoué ma faute, je n'ai plus caché mes torts, j'ai dit : « Je reconnaîtrai 'devant l'ÉTERNEL les péchés que j'ai commis. » Alors tu m'as déchargé 'du poids de ma faute. Ainsi, que tout homme 'qui t'est attaché 'te prie au temps opportun. Si les grandes eaux déferlent, leurs flots ne l'atteignent pas. Tu es un abri pour moi, 'tu me gardes du danger. Autour de moi retentissent 'les chants de la délivrance.

(Psaume 32.1-7)

Le psalmiste suggère que le fait de garder notre péché à l'intérieur entraîne le dépérissement de notre corps. Le péché ronge nos os, nous fait gémir chaque jour, c'est un poids lourd, et nous avons l'impression d'être emportés par une inondation vers une destruction certaine. Le psalmiste reconnaît donc son péché au lieu de le cacher, confessant sa transgression au Seigneur. Il en résulte

Si nous n'affrontons jamais
la réalité de notre péché,
il n'y a pas de solution.

bonheur, pardon et délivrance. Le mot tabou devient une confession honnête en présence du Dieu de la grâce salvatrice. Si nous n'affrontons jamais la réalité de notre péché, il n'y a pas de solution. Dieu est le seul endroit où notre péché peut être pris et confessé avec l'espoir d'être restauré. Nous devons retrouver le langage du péché si nous espérons être sauvés.

Je suggère une théologie robuste du péché, mais exprimée avec humilité. Certains dénoncent le péché avec une condamnation moralisatrice, à la manière d'Oscar le grincheux sanctifié. D'autres, en revanche, ont cessé de prononcer le mot parce qu'il met les gens mal à l'aise. David Brooks, éditorialiste au *New York Times*, écrit dans *Road to Character*,

> À de nombreuses époques et en de nombreux endroits, le mot « péché » a été utilisé pour déclarer la guerre au plaisir, même aux plaisirs sains du sexe et du divertissement. Le péché servait de prétexte pour vivre sans joie et dans une forme de censure.... Le mot péché a été utilisé à mauvais escient par les bien-pensants, par des âmes au cœur sec qui semblaient dérangées par la possibilité que quelqu'un, quelque part, puisse s'amuser.... Mais en vérité, le péché est l'un de ces mots dont il est impossible de se passer. Le péché est une pièce nécessaire de notre mobilier mental parce qu'il nous rappelle que la vie est une affaire morale. Le péché est inscrit dans notre natureet se transmet de génération en génération. Nous sommes tous pécheurs [1].

---

4. David Brooks, *The Road to Character* (New York : Random House, 2015), 53–54.

Brooks a raison. Le mot « péché » est nécessaire lorsque nous parlons de la condition humaine, mais nous devons parler du péché en reconnaissant humblement qu'il a vécu dans nos propres maisons. Plus loin dans le livre, Brooks s'approche de la compréhension wesleyenne du péché lorsqu'il suggère qu'il s'agit d'une loyauté envers un amour inférieur. Le péché représente notre capacité à aimer, repliée sur nous-mêmes. C'est la souveraineté sur soi, la tromperie et la domination de soi, tout cela en un, et cela nous dévaste, nous et ceux que nous aimons.

Barbara Brown Taylor écrit :

> L'époque où la plupart des prédicateurs pouvaient se lever en chaire et pointer du doigt les péchés des personnes est révolue depuis longtemps. Ils n'ont plus cette autorité. Ce qu'ils *peuvent* faire, je crois, c'est décrire l'expérience du péché et ses conséquences de manière si vivante que les gens peuvent identifier sa présence dans leur propre vie, non pas comme une source chronique de culpabilité, ni comme une preuve certaine qu'ils sont intrinsèquement mauvais, mais comme la partie de leur vie individuelle et collective qui réclame à grands cris un changement.... Le péché est notre seul espoir, car la reconnaissance que quelque chose ne va pas est le premier pas vers le rétablissement. Il n'y a pas d'aide pour ceux qui n'admettent pas avoir besoin d'aide. Il n'y a pas de réparation pour ceux qui insistent sur le fait que rien n'est cassé, et il n'y a pas d'espoir de transformation

pour un monde dont les habitants acceptent qu'il est malheureusement, mais irréversiblement déchu. [2]

Il est peut-être temps de faire raviver ce mot tabou, en toute humilité, dans l'intérêt de notre salut. La grande nouvelle de l'Évangile est que la grâce salvatrice est présente au point même de la confession humaine — et notre Dieu sauve !

5. Barbara Brown Taylor, *Speaking of Sin : The Lost Language of Salvation* (Cambridge, MA : Cowley Publications, 2000), 57–59.

JOURNAL ET RÉFLEXION

Faites une pause pour réfléchir à ce que vous avez lu. Qu'avez-vous entendu ? Reformulez-le avec vos propres mots. Faites-le vôtre. Qu'est-ce que Dieu vous indique dans ce chapitre pour que vous y réfléchissiez davantage ? Qu'est-ce que Dieu vous dit ?

PRIÈRE

Plutôt que d'écrire votre propre prière aujourd'hui, consacrez du temps à la confession suivante, tirée du livre intitulé en anglais *Book of Common Prayer*.

Dieu tout-puissant, à qui tous les cœurs sont ouverts, tous les désirs connus et à qui aucun secret n'est caché, purifie les pensées de nos cœurs par l'inspiration de ton Esprit Saint, afin que nous puissions t'aimer parfaitement et magnifier dignement ton saint nom, par le Christ notre Seigneur. Par le Christ notre Seigneur. Amen.

DISCUSSION

1. Comment définissez-vous le péché ?

2. Dans votre cercle d'amis, que se passerait-il si vous demandiez, au cours d'un repas amical : « Que pensez-vous du péché ? »

3. Pourquoi avons-nous commencé à éviter le mot « péché » dans notre culture générale ?

4. Nous croyons que le péché est à la fois personnel
   et collectif, présent dans le cœur humain *et* dans les
   systèmes institutionnels. Qu'est-ce qui est le plus facile
   à identifier dans notre culture actuelle ?

5. Dans quelle mesure la pratique de la confession vous
   est-elle familière et à quelle fréquence la pratiquez-
   vous ?

NOTES

32

LA PUISSANCE DU PARDON

Nous devenons profondément humains lorsque nous nous rendons compte que nous sommes dans le besoin et que nous prions : « Donne-nous aujourd'hui notre pain quotidien ». Nous devenons encore plus humains lorsque nous sommes prêts à confesser que nous nous sommes trompés, que nous avons péché et que nous avons besoin de pardon. Demander le pardon nous rend humbles. Elle nous met à la merci d'un autre qui a le pouvoir de pardonner ou de ne pas pardonner. Dieu nous a donné l'assurance que si nous confessons nos péchés, il sera fidèle et juste pour nous pardonner. La grâce salvatrice est la grâce qui *pardonne* .

Je suppose que le Notre Père serait plus facile à prier s'il s'arrêtait à « Pardonne-nous nos offenses », mais il continue en disant « comme nous pardonnons à ceux qui nous ont offensés ». Cela signifie-t-il que Dieu ne nous pardonnera pas tant que nous n'aurons pas pardonné ? Cela signifie-t-il que nous *gagnons* le pardon de Dieu en pardonnant ? Cela signifie-t-il que nous devons balayer les horribles fautes sous le tapis et regarder ailleurs comme si elles n'avaient jamais eu lieu, sinon Dieu ne nous pardonnera pas ? Ces interprétations erronées du pardon portent gravement atteinte à la justice de Dieu. Le pardon n'a pas pour but d'émousser notre capacité à être en colère face à un comportement pécheur. La justice biblique est importante, surtout si le royaume de Dieu doit venir parmi nous.

Examinons donc le fait *d'être pardonné* en relation avec le fait *de pardonner* . Disons que quelqu'un a vraiment péché contre vous—il a menti sur vous, vous a volé, a profité de vous, vous a violé, vous a trompé, vous a blessé intentionnellement—et tout autre péché que vous

La colère nous libère
du déni et le pardon fait
évoluer la relation vers la
restauration plutôt que
vers la destruction.

voulez mettre sur cette pile. Le Notre Père nous dit-il de pardonner, d'oublier et de continuer comme si rien ne s'était passé ? Non.

Avant de songer à pardonner à une tyran, à une brute ou à un sauvage, nous devons remercier Dieu de nous avoir donné la grâce d'être en colère. Nous devons nous faire à l'idée que Dieu n'a pas voulu qu'il en soit ainsi. Le fait d'être gentil et d'agir comme si cela n'avait pas causé de tort ne profite ni à celui qui blesse ni à celui qui est blessé. Et cela entrave le type de rétablissement de la paix que Dieu recherche. *La première étape du pardon est de reconnaître qu'on vous a fait du mal et que vous êtes en colère à cause de cela.*

Je trouve un grand réconfort dans les instructions de Paul aux Éphésiens lorsqu'il dit : « Mettez-vous en colère, mais n'allez pas jusqu'à pécher » (4.26). C'est toute la permission dont j'ai besoin pour être sincèrement contrarié par ce qui m'a été fait. C'est la bonne colère, celle qui appelle le péché par son nom, celle qui défend la justice biblique et qui est prête à affronter plutôt qu'à ignorer. Une fois que nous avons compris cela, nous pouvons nous diriger vers le pardon, non pas comme la *fin* de la colère, mais comme la *transformation* de notre colère pour le bien de la personne qui nous a fait du tort. La colère nous libère du déni, et le pardon fait évoluer la relation vers la restauration plutôt que vers la destruction.

Permettez-moi d'aller plus loin. En pardonnant à cette personne, je ne pense pas que nous l'excusions pour ce qu'elle a fait. Nous ne faisons pas l'expérience du pardon de Dieu si nous ne nous repentons pas. La position de Dieu est le pardon. Il s'agit d'un acte accompli qui découle de la grâce salvatrice et qui s'achève dans la croix et la résurrection de Jésus. Si nous confessons nos péchés, il est fidèle et juste pour nous pardonner. Dieu a déjà pris la décision de pardonner, il a déjà accordé le pardon, il a déjà pris la position du pardon, il nous a déjà promis le pardon, mais *tant que nous ne confessons pas le péché et que nous ne nous engageons pas à changer* (car au sens littéral, « se repentir » signifie faire demi-tour et aller dans l'autre sens), nous ne pouvons pas faire l'expérience du pardon de Dieu. La personne qui nous a fait du tort ne peut pas non plus être véritablement pardonnée tant qu'elle n'a pas reconnu sa faute et ne s'est pas repentie.

Je me souviens de la première fois que j'ai embrassé ma femme, Denise. C'était après plusieurs rencontres aux premiers jours de notre relation. J'en avais rêvé, je l'avais espéré. Je m'étais même surpris à m'entraîner devant le miroir de la salle de bains. Bizarre, je sais. Il faut être deux pour vivre un baiser. Que l'un dise « Je suis prêt à t'embrasser » est un mouvement dans la bonne direction. Mais si l'autre ne se penche pas à son tour ou n'accepte pas le baiser, il n'y a pas de baiser. Il faut être deux pour jouir pleinement de l'expérience.

Même si nous sommes prêts à pardonner, le pardon ne peut être vraiment vécu que si la personne qui nous a fait du tort se penche vers le baiser du pardon, permettant ainsi une relation restaurée. Cela signifie-t-il que nous devons garder rancune et refuser de pardonner à l'autre jusqu'à ce qu'il se repente ? Non. Nous devons pardonner — *comme Dieu pardonne* — Nous ne gardons plus un délinquant dans notre prison mentale, en attendant qu'il comparaisse devant notre tribunal. Nous ne les faisons plus griller sur le feu de notre colère. Nous ne les transportons plus en essayant de leur faire admettre leurs torts ou en les haïssant parce qu'ils ne le font pas. Au lieu de cela, nous les remettons à Dieu pour que justice soit faite. Comme Dieu, nous sommes prêts à pardonner. La vengeance et la justice appartiennent à Dieu. Lorsque nous pardonnons, même avant que l'autre personne ne se soit sincèrement repentie, nous la remettons à Dieu pour qu'il en fasse ce qu'il veut, car nous croyons que Dieu est à la fois juste et miséricordieux.

Les chrétiens sont appelés à vivre le pardon volontairement, de la même manière que Dieu pardonne gracieusement. Nous pouvons alors aller de l'avant. Nous remettons le problème et la personne à Dieu, sachant que si nous ne le faisons pas, nous serons emprisonnés par l'amertume, la rancœur et la haine. C'est une chose horrible que de subir des torts de la part des autres, mais il est bien pire de s'emprisonner soi-même à cause de notre incapacité à pardonner. En Christ, nous déposons le fardeau. Lorsque nous apprenons à pardonner, c'est comme si nous nous déchargions d'un sac à dos de cinquante livres après une randonnée de quinze kilomètres.

Mais il existe encore un autre lien entre le fait d'être pardonné par Dieu et celui d'être indulgent envers les autres. Dans la version de Matthieu du Notre Père, il y a même un post-scriptum sur le pardon : « En effet, si vous pardonnez aux autres leurs fautes, votre Père céleste vous pardonnera aussi. Mais si vous ne pardonnez pas aux autres, votre Père ne vous pardonnera pas non plus vos fautes » (Matthieu 6.14-15). Qu'est-ce qui est dit ici ? Parfois, la meilleure façon de comprendre une Écriture est d'utiliser une autre Écriture.

Parfois, la meilleure façon de comprendre une Écriture est d'utiliser une autre Écriture.

En Matthieu 18, Pierre demande à Jésus combien de fois il doit pardonner à quelqu'un. Il propose même à Jésus une réponse qu'il juge généreuse : sept fois. Puisque dans la Bible, sept est le nombre parfait, entier, complet, cela devrait suffire ! Il pense peut-être que Jésus le félicitera d'être si magnanime. Puis « Bang » ! Jésus renchérit ! Non pas sept fois, mais soixante-dix *fois* sept— ou soixante-dix-sept fois, selon la traduction. Quoi qu'il en soit, les deux nombres sont beaucoup plus élevés que sept. Mais la véritable réponse à la question de Pierre ne se trouve pas dans le nombre, mais dans la parabole qui suit (vv. 23-35).

La parabole est la suivante : un roi décide de recouvrer ses dettes. Un roi décide de recouvrer ses dettes et convoque tous ceux qui lui doivent de l'argent. Un homme se présente et doit au roi dix mille talents. Faisons un petit calcul. À l'époque, un talent équivalait à environ quinze *années* de salaire à temps plein. Il faudrait donc que cet homme travaille 150 000 ans *et* qu'il remette chaque centime qu'il a gagné pour rembourser sa dette— en supposant qu'il n'y ait pas d'accumulation d'intérêts. Les auditeurs de cette parabole auraient tout de suite su qu'il serait mathématiquement impossible pour cet homme de rembourser sa dette. Il devait plus que la richesse entière de certaines nations ! C'est comme si quelqu'un devait aujourd'hui le montant de la dette nationale des États-Unis (qui s'élève à des milliers de milliards).

Le roi annonce sa dette et le serviteur dit qu'il ne l'a pas et qu'il ne peut pas la payer. Le roi répond très froidement, sans même sembler lever les yeux. Le roi dit essentiellement aux gardes : « Liquidez-le. Vendez sa femme, ses enfants, sa maison, organisez un grand vide-grenier, tout y passe ! Puis mettez-le en prison jusqu'à ce qu'il puisse payer le solde. Envoyez la personne suivante ! » Cette action est à la fois rapide et juste. Il doit, et il ne peut pas payer. La décision du roi est juste.

Mais le gars se jette aux pieds du roi et le supplie : « Sois patient envers moi et je te rembourserai tout. » (v. 26). Le mot grec pour ce qu'il demande est *makrothuméson*. Il est traduit par « patience ». Il veut plus de temps, même si cela ne servira à rien. Le roi fait alors trois choses incroyables : il a de la compassion pour le serviteur, il annule la totalité de la dette et il libère le serviteur.

Rappelez-vous qu'il s'agit d'une parabole que Jésus a commencé à raconter pour illustrer une réponse à la question de Pierre concernant le nombre de fois que Dieu attend de nous que nous pardonnions. Jésus dit que le royaume des cieux est comme le roi miséricordieux de la parabole qui annule une dette qui ne peut être payée. Nous connaissons ce Dieu qui pardonne et dont la grâce salvatrice est inestimable. Nous l'avons lu dans les Écritures : « L'Éternel est compatissant et miséricordieux. Il est plein de patience et débordant d'amour. Il ne tient pas rigueur sans cesse et son ressentiment ne dure pas toujours. Il ne nous traite pas selon le mal que nous avons commis, il ne nous punit pas comme le méritent nos fautes. » (Psaume 103.8–10).

Jésus dresse pour ses disciples un portrait du Père qui pardonne, mais les images ne révèlent pas toujours tout. Au-dessus de notre cheminée, nous avons un portrait de famille. Nous sommes dix-sept : quatre couples mariés et huit petits-enfants. La photo a été prise à l'automne dans notre jardin. Nous sommes tous habillés de manière décontractée. Je revenais d'un match de football des Titans du Tennessee. Je portais un jean, un sweat-shirt, des chaussettes blanches et des chaussures de tennis. J'étais assis sur le sol, les jambes croisées, pour la photo. Denise, ma femme, n'aimait pas l'idée que mes chaussettes blanches brillent au milieu de la photo. J'ai donc ramassé des feuilles d'automne et je les ai empilées autour de mes pieds, cachant ainsi les chaussettes blanches. Mais mes chaussettes blanches ne sont pas les seules choses cachées. Il y a des biberons, des tétines, des casquettes et des sacs à langer stratégiquement cachés dans le dos des parents et des conjoints. Le désordre est caché.

Il est facile pour nous de regarder cette parabole et de voir un roi chargé des richesses du monde. Il ne manquera pas de le faire si ce type ne peut pas payer. Il est comme le magnat du pétrole texan qui monte dans sa longue Cadillac avec des cornes de bœuf sur le capot et se rend à l'extrémité de sa propriété de mille hectares, s'avance vers un métayer en difficulté et lui annonce : « Je vais te donner ce petit lopin de terre que tu cultivais », puis remonte dans sa Cadillac et s'en va vers le coucher du soleil. Ce genre de générosité ne coûterait rien au magnat du pétrole texan—ou du moins rien de très remarquable.

Stop ! N'ayez pas cette image de Dieu. Sous la robe royale de ce roi de la grâce salvatrice se trouve une cicatrice en forme de croix, un rappel caché du coût du pardon. Elle n'est pas évidente dans la parabole, mais elle est une partie essentielle du portrait de Dieu. Oui, Dieu est généreux parce qu'il a beaucoup à offrir, mais ne pensez pas un seul instant que la généreuse miséricorde de Dieu ne lui a rien coûté.

Le roi annule la dette. Il libère le serviteur. Suivons le serviteur pardonné et voyons ce qu'il fait : « À peine sorti, ce serviteur rencontra un de ses compagnons de service qui lui devait cent pièces d'argent. » (Matthieu18.28a, Semeur). Note utile : la somme due dans ce passage (cent pièces d'argent, ou cent deniers, selon la traduction) équivaut à environ dix dollars. « Il le saisit à la gorge en criant : « Paie-moi ce que tu me dois ! » Son compagnon se jeta à ses pieds et le supplia : « Sois patient envers moi, lui dit-il, et je te rembourserai tout. » Mais l'autre ne voulut rien entendre. Bien plus : il alla le faire jeter en prison en attendant qu'il ait payé tout ce qu'il lui devait » (versets 28b-30).

N'aimeriez-vous pas être l'ami de ce type ? Il vit comme s'il avait encore une dette, et s'il doit payer, *tout le monde doit en faire autant* . Le plus triste dans cette histoire, c'est qu'il ne se comporte pas comme s'il avait été pardonné. Peut-être n'a-t-il pas bien entendu le roi. Il a peut-être l'impression d'avoir obtenu ce qu'il demandait— *makrothuméson*— plus de temps pour payer la dette. Il prend son frère à la gorge en exigeant ces dix dollars ou autre chose, une somme qui est certainement remboursable, avec un peu plus de temps. Ce tort peut être réparé. Mais au lieu d'une compassion qui reflète celle que le roi vient de lui témoigner, il lui rend une justice rapide et immédiate. En prison, mon frère !

Regardez ce qui se passe ensuite : « D'autres compagnons de service, témoins de ce qui s'était passé, en furent profondément attristés et allèrent rapporter toute l'affaire à leur maître. Alors celui-ci fit convoquer le serviteur qui avait agi de la sorte : « Serviteur mauvais ! lui dit-il. Tout ce que tu me devais, je te l'avais remis parce que tu m'en avais supplié. Ne devais-tu pas, toi aussi, avoir pitié de ton compagnon, comme j'ai eu pitié de toi ? « Et, dans sa colère, son maître le livra aux bourreaux jusqu'à ce qu'il ait remboursé toute sa dette » (vv.31-34).

Le refus de pardonner est un supplice trop lourd à porter pour l'homme. C'est une prison que l'on s'impose à soi-même. Lorsque le roi a remis la dette, le serviteur s'en est allé en ne devant *resque* rien. Il devait encore quelque chose que seul celui qui a été pardonné peut payer, ce que le Notre Père nous appelle à faire. Ce que nous devons à Dieu pour notre pardon, c'est la *ressemblance* , ou le *reflet*— au fait de pardonner de la même manière que nous avons été pardonnés. L'Esprit de Dieu nous donne le pouvoir de ressembler à Dieu et de le refléter en adoptant la posture du pardon de la même manière qu'il a été modelé pour nous et nous a été accordé.

JOURNAL ET RÉFLEXION

Faites une pause pour réfléchir à ce que vous avez lu. Qu'avez-vous entendu ? Reformulez-le avec vos propres mots. Faites-le vôtre. Qu'est-ce que Dieu vous indique dans ce chapitre pour que vous y réfléchissiez davantage ? Qu'est-ce que Dieu vous dit ?

____

____

____

____

____

____

____

____

____

____

____

PRIÈRE

Rédigez votre prière à Dieu en comparant le mal qui vous a été fait au mal que vous avez fait à Dieu et aux autres. Imaginez la dette que vous avez envers Dieu. En quoi le pardon que vous accordez aux autres ressemble-t-il au pardon que Dieu vous accorde ?

DISCUSSION

1. Comment est-il possible d'être en colère sans pour autant pécher contre ceux qui nous ont fait du mal ?

2. En quoi votre pardon ressemble-t-il au pardon de Dieu ?

3. Quelle est la relation entre le pardon et la grâce salvatrice ?

4. Comment votre conscience des péchés commis contre vous par d'autres personnes vous aide-t-elle à comprendre la manière dont Dieu traite vos péchés ?

5. Pourquoi le pardon de la grâce salvatrice est-il une expérience libératrice ? Que se passe-t-il à l'intérieur d'une personne pardonnée ?

L'EXPIATION

Lorsque nous considérons la grâce comme un don de Dieu, nous reconnaissons qu'elle se présente sous de nombreuses formes. La grâce prévenante est la grâce de recherche de Dieu qui a toujours été présente, avant même que nous sachions que nous en avions besoin. Elle nous attend au moment suivant comme un cadeau qui nous ouvre à la grâce salvatrice. Lorsque nous nous soumettons à la grâce prévenante, une relation avec Dieu par la grâce salvatrice devient possible. La Bible utilise de nombreuses métaphores pour décrire le don de la grâce salvatrice.

La grâce salvatrice, c'est comme naître de nouveau, passer de l'absence de vie à la vie en Christ.

La grâce salvatrice, c'est comme être libéré de l'esclavage du péché.

La grâce salvatrice, c'est comme être adopté dans une famille.

La grâce salvatrice, c'est comme devenir citoyen d'un nouveau régime—le royaume de Dieu.

La grâce salvatrice, c'est comme être rétabli dans ses droits par l'acte de grâce d'un autre.

La grâce salvatrice, c'est comme être racheté d'une dette que nous ne pouvions pas rembourser.

La grâce salvatrice, c'est se réconcilier avec quelqu'un dont on était éloigné.

La grâce salvatrice, c'est comme faire demi-tour au milieu de la route et repartir dans la direction opposée.

La grâce salvatrice, c'est comme être retrouvé alors que nous étions désespérément perdus.

La grâce salvatrice, c'est comme rentrer à la maison.

La grâce salvatrice, c'est comme un bain purificateur.

La grâce salvatrice, c'est comme un nouveau départ.

L'expiation rétablit notre relation avec Dieu.

La grâce salvatrice, c'est comme une nouvelle alliance qui établit une nouvelle relation avec de nouvelles conditions de vie.

On pourrait multiplier les métaphores, car l'expérience de la vie nouvelle en Christ appelle des descriptions capables de rendre compte de l'émerveillement et de la beauté d'un don qui transforme et réorganise nos vies. L'un des principaux thèmes bibliques qui sous-tendent la grâce salvatrice est l'*expiation*. Cet acte de sacrifice en notre nom, qui apporte le pardon des péchés et la réconciliation des relations, est l'un des principaux récits de l'Écriture. C'est un acte de Dieu par lequel nous sommes rapprochés de Dieu, nos péchés pardonnés et nos souillures purifiées. L'expiation rétablit notre relation avec Dieu.

C'est ce qu'écrit Paul dans sa deuxième lettre à l'Église de Corinthe :

- « En effet, l'amour de Christ nous étreint, car nous avons acquis la certitude qu'un seul homme est mort pour tous : donc tous sont morts en lui. Et il est mort pour tous afin que ceux qui vivent ne vivent plus pour eux-mêmes, mais pour celui qui est mort à leur place et ressuscité pour eux » (5.14–15).
- « Ainsi, si quelqu'un est uni à Christ, il appartient à une nouvelle création : les choses anciennes sont passées : voici, les choses nouvelles sont venues » (v. 17).
- « En effet, Dieu était en Christ, réconciliant les hommes avec lui-même, sans tenir compte de leurs fautes » (v. 19a).

- « Celui qui était innocent de tout péché, Dieu l'a
  condamné comme un pécheur à notre place pour
  que, dans l'union avec Christ, nous recevions la
  justice que Dieu accorde » (v. 21).

Ce langage est enraciné dans la compréhension du
sacrifice de l'Ancien Testament. Les phrases de ce texte du
Nouveau Testament sont des expressions de ce qui était
autrefois fait à un animal, mais qui a été accompli pour la
dernière fois dans la mort de Jésus :

- « Un seul est mort », c'est ce qui s'est passé sur
  l'autel du temple avec les animaux — un animal
  sacrifié pour de nombreux péchés.
- « Leur pardonner leurs offenses » est ce qui s'est
  produit dans le processus des sacrifices offerts
  pour le péché.
- « Dieu a fait péché celui qui n'avait pas péché » est
  la réalité d'un animal irréprochable sacrifié au nom
  d'humains coupables.
- Devenir juste est le don de Dieu qui nous rétablit
  dans une relation juste par le biais de l'offrande
  fidèle d'un autre.
- « Les choses anciennes sont passées » indique la
  nouvelle relation entre Dieu et ceux qui offrent un
  sacrifice pour leurs péchés.

Les sacrifices de l'Ancien Testament étaient les
moyens mis en place par Dieu pour établir et préserver
une relation d'alliance qui tenait compte des péchés du
peuple. C'est par les sacrifices que le peuple se repentait
et se détournait de ses péchés vers Dieu. C'est ainsi qu'ils
reconnaissaient qu'ils étaient responsables de leurs péchés
et qu'ils portaient un coût, une dette, un abandon de
quelque chose d'irréprochable qui serait acceptable pour

Dieu. C'est ainsi que leur contamination de la relation a été réparée et que la communauté a été purifiée à nouveau. C'est ainsi que la relation a été rétablie entre eux et les autres, mais aussi entre eux et Dieu. C'était la pratique de l'alliance qui permettait à un Dieu saint d'être présent parmi un peuple pécheur. Bien que le peuple ait agi par l'intermédiaire d'un prêtre, ce n'est pas l'action de l'homme en faisant le sacrifice qui compte, mais l'action de Dieu en recevant le sacrifice qui a opéré le changement. Le sacrifice était la voie miséricordieuse de la grâce salvatrice de Dieu.

Le point culminant du système sacrificiel était le jour des expiations. Ce jour-là, tous les péchés d'Israël étaient expiés, qu'ils soient volontaires ou accidentels, connus ou inconnus. En une seule offrande, tous les péchés de tout le peuple étaient présentés à Dieu et expiés. Chaque année, toute la communauté se réunissait pendant que le grand prêtre faisait des sacrifices d'expiation pour toute la communauté. En lisant le livre du Lévitique, les disciples de Jésus après la résurrection (dont certains étaient des disciples juifs de Dieu avant l'arrivée de Jésus, rappelons-le) ont commencé à voir la crucifixion de Jésus à la lumière du jour des expiations. Quatre courants de pensée émergent dans le Nouveau Testament, qui sont directement liés à l'ancienne pratique de l'expiation.

VOLET 1 : UNE DETTE

Nombre de nos hymnes et chants traditionnels reflètent l'idée que Jésus a payé notre dette, couvert notre péché, offert ce que nous ne pouvions pas en échange de notre pardon. Il est important de noter ce que cela signifie et ce que cela ne signifie pas. Il existe plusieurs théories de l'expiation. L'une d'entre elles, appelée « satisfaction pénale », dépeint Dieu comme un être en colère exigeant un paiement en échange de son pardon. C'est comme si un parent en colère disait que quelqu'un sera fessé pour la lampe cassée et attendait que quelqu'un s'avance et prenne la raclée. Se représenter le Père de cette manière, c'est oublier qu'un Dieu aimant est un Dieu qui *offre* le sacrifice. Dieu était *en Christ* réconciliant les hommes avec lui-même. Il ne s'agit pas de l'image d'un Dieu qui attend que nous produisions le remboursement, mais d'un Dieu qui agit pour fournir le remboursement.

Une autre distinction importante dans le langage de la dette est que l'expiation « couvre notre péché. » Cette expression a souvent été interprétée de manière erronée comme masquant ou voilant notre péché aux yeux de Dieu. Cette ligne de pensée suggère qu'un Dieu saint ne peut pas regarder le péché sans détruire ceux qui le portent. Certains ont interprété l'abandon par le Père de son Fils sur la croix comme le fait que Dieu lui tourne le dos parce que Jésus porte le péché du monde et que le Dieu saint ne peut supporter de regarder le péché. Le texte de preuve utilisé pour cette interprétation est la prière du Psaume 22 que Jésus prononce depuis la croix : *Mon Dieu, mon Dieu, pourquoi m'as-tu abandonné ?* Il existe cependant d'autres façons plus utiles d'interpréter cette déclaration de Jésus. Le Père se détourne-t-il du Fils parce qu'il porte notre péché ? J'ai accompagné des parents dans des salles d'accouchement lorsque leurs bébés sortaient défigurés ou avec d'autres problèmes de santé, et je n'ai jamais vu un seul parent détourner son regard de l'enfant qu'il aime. L'amour ne se détourne pas des

L'amour ne détourne pas toujours le regard des choses difficiles à voir.

choses difficiles à voir. Et si Dieu est amour, alors Dieu ne détourne pas le regard non plus.

J'ai aussi entendu des gens dire que Dieu ne voit pas notre péché quand il nous regarde parce que le sang de Jésus est comme une couverture qui cache notre péché aux yeux d'un Dieu saint. Nous avons des chansons sur le péché qui parlent d'être « couvert par le sang ». Bien que le mot « couvrir » signifie « cacher à la vue de tous », ce n'est pas un sens biblique en relation avec le péché. Dieu voit notre péché. Dieu n'essaie pas de cacher notre péché à sa vue, mais de nous purifier de notre péché. L'idée que le sang couvre notre péché, c'est comme si quelqu'un allait à la banque en notre nom et couvrait le paiement de notre maison. Il ne s'agit pas de *recouvrir*, mais de couvrir *au nom de*. Cette distinction est importante car nous devons comprendre ce qui se passe après que nous ayons été sauvés. Nous ne sommes pas sauvés pour continuer à être des pécheurs dont les péchés sont cachés à Dieu. Nous sommes sauvés pour être libérés du fardeau et de la puissance du péché. Il ne s'agit pas d'une restauration imaginaire, mais d'une restauration réelle.

VOLET 2 : LA PURIFICATION

Nous sommes lavés dans le sang, nettoyés de toute souillure, rendus purs. Dans les rituels d'expiation de l'Ancien Testament, l'aspersion de sang à certains endroits du temple était considérée comme un acte de purification. Lorsque nous lisons la lettre aux Hébreux dans le Nouveau Testament, il devient clair que le sang en tant que purification et nettoyage est la manière dominante dont l'auteur comprend l'expiation. Jésus est le meilleur sacrifice, le sacrifice unique et définitif, dont le sang accomplit ce que les sacrifices d'animaux répétés du système de l'Ancien Testament n'ont jamais pu accomplir pleinement et définitivement—la purification définitive du péché pour toujours. Comme le dit le vieil hymne, « Qu'est-ce qui peut laver mon péché ? Rien que le sang de Jésus ! »

La grâce salvatrice est l'acte d'amour de Dieu par lequel nos souillures et notre contamination par le péché sont lavées, nous laissant purs et propres en présence de Dieu. C'est pourquoi le baptême est considéré comme un lavage qui nous introduit dans une vie nouvelle.

VOLET 3 : LA REPENTANCE

Le mot « repentance » signifie arrêter d'avancer dans la direction qu'on prenait, faire volontairement demi-tour et aller dans la direction opposée. En tant que pécheurs souverains, nous avons tracé notre propre chemin en marchant de manière rebelle devant Dieu. Dans l'acte de sacrifice, il devient clair que notre chemin est le chemin de la mort. Nous en acceptons la responsabilité et nous nous tournons vers Dieu. La grâce prévenante nous permet de le faire.

VOLET 4 : L'ALLIANCE

L'alliance concerne la relation que Dieu désire avoir avec nous. L'expiation est un langage relationnel. Les sacrifices ne concernent pas des accords commerciaux ou des transactions légales. Ils concernent la restauration d'une relation brisée. La grâce salvatrice n'est pas une chose que nous obtenons. C'est l'activité d'un Dieu qui

nous aime. Dieu fait en sorte que nous puissions vivre
en relation avec notre Créateur, les uns avec les autres,
avec nous-mêmes et dans le monde créé. L'expiation
rend possible une relation juste, et lorsque nous faisons
l'expérience de l'expiation, nous vivons dans la paix en tant
que partenaires fidèles et obéissants de l'alliance.

JOURNAL ET RÉFLEXION

Faites une pause pour réfléchir à ce que vous avez lu.
Qu'avez-vous entendu ? Reformulez-le avec vos propres
mots. Faites-le vôtre. Qu'est-ce que Dieu vous indique
dans ce chapitre pour que vous y réfléchissiez davantage ?
Qu'est-ce que Dieu vous dit ?

PRIÈRE

Remerciez Dieu pour sa grâce salvatrice dans le langage du sacrifice. Quelle dette Dieu a-t-il couverte pour vous ? Quelle contamination Dieu a-t-il éliminée de votre vie ? Comment votre vie a-t-elle changé de direction dans un acte de repentance ? Que signifie pour vous votre relation (ou alliance) avec Dieu ?

DISCUSSION

1. Lisez Hébreux 9.13-14. Comment le langage sacrificiel est-il employé ici ?

2. Si l'on vous demandait : « Pourquoi était-il nécessaire que Jésus meure ? », comment répondriez-vous ?

3. L'explication de ce chapitre sur le sang qui couvre notre péché modifie-t-elle votre façon de concevoir l'expiation ?

4. Comment résumeriez-vous ce que vous croyez au sujet
    de la grâce salvatrice ? Qu'avez-vous appris ? Qu'est-ce
    que vous célébrez ?

TABLE DES MATIÈRES

SEMAINE 1
La quête de l'homme
3

SEMAINE 2
Le mot tabou
19

SEMAINE 3
La puissance du pardon
33

SEMAINE 4
L'expiation
49